PAUL FÉVAL

LE
THÉATRE-FEMME

CAUSERIE

A PROPOS DE L'*ÉCOLE DES FEMMES*

(Théâtre de la Gaîté, 26 janvier 1873)

PARIS
E. DENTU, ÉDITEUR
Libraire de la Société des Gens de Lettres
PALAIS-ROYAL, 17-19, GALERIE D'ORLÉANS

—

1873

LE
THÉATRE-FEMME

PARIS. — IMPRIMERIE ALCAN-LÉVY, 61, RUE DE LAFAYETTE

PAUL FÉVAL

LE
THÉATRE - FEMME

CAUSERIE

A PROPOS DE *L'ÉCOLE DES FEMMES*

(Théâtre de la Gaîté, 26 janvier 1873)

PARIS

E. DENTU, ÉDITEUR

Libraire de la Société des Gens de Lettres

PALAIS-ROYAL, 17-19, GALERIE D'ORLÉANS

1873

A mon frère,

Cher ami, j'imprime cette petite chose pour que tu puisses la lire, n'ayant pu l'entendre. Cela s'appelait « la Comédie et la Thèse, » mais tant de gens m'ont accosté sur le boulevard en me disant : « Allez-vous publier votre Théâtre-Femme ? » que j'ai accepté ce titre, trouvé par tout le monde.

Personne n'accusera cette discussion d'être très profonde. Le haut talent de mes amis et confrères et la gravité de la question méritaient mieux, je le crois sincèrement, mais chacun donne ce qu'il a.

A toi de cœur.

P. F.

LE
THÉATRE-FEMME

Mesdames et Messieurs,

Quand nous prenons Molière aux environs de la quarantième année, il nous paraît encore tout près de ses débuts, tant est large la carrière courue par lui à partir de l'*Ecole des Femmes*. Je ne crois pas que la précocité soit un bonheur. Certains côtés de l'art où l'imagination domine, appartiennent, il est vrai, à la jeunesse, mais Molière, le poète des réalités, fit mieux d'attendre. Il eut raison de ne parler qu'après avoir vu.

Vous savez d'avance que cette faculté de voir exactement et profondément à travers l'enveloppe qui recouvre le cœur humain, fut la force de Molière. Son œuvre, dont l'unité est si frappante dans sa variété, ressemble à un musée de toiles glorieuses où la perfection du dessin le dispute à l'opulence de la couleur. Seulement, le musée de Molière a toute la supériorité de la plume sur le pinceau : il parle. Il ressuscite la vérité morte ; il nous rend par la magie d'une langue éternellement neuve, la vie même de nos pères, si différente de la nôtre, et pourtant si semblable : passions, travers, physionomies, grimaces ; notre sottise d'autrefois, encore si bien portante aujourd'hui, et notre esprit de toujours, le talisman de la féerie gauloise, votre esprit à vous, l'esprit français, composé de bon sens, de bonne foi, de bon cœur, l'esprit de Rabelais, d'Henri IV et de Voltaire : notre esprit historique, national, qu'on nie de temps en temps chez nous, quand c'est la mode, mais que l'étranger nous envie toujours, — ce piquant, ce charme particulier de nos femmes, qu'elles soient la reine Marguerite, Sévigné, la marquise, ou Jenny l'ouvrière, — cette gaîté robuste et en quelque sorte fatale qui force le grand Corneille à écrire *le Menteur*, une fois en sa vie, et Racine à interrompre

Andromaque pour lancer l'éclat de rire des *Plaideurs*, — cette immortelle bonne humeur, enfin, qui vit de nos gloires, qui survit à nos désastres et qui, loin d'abaisser notre caractère, est le meilleur argument de notre éloquence et l'arme la plus fidèle de notre valeur.

Il est un écueil à éviter quand on parle de Molière, le plus spirituel et le plus français des grands hommes : c'est le fanatisme. M. de La Harpe raconte avec éloge ce trait de Voltaire, refusant d'annoter Racine et disant : « Il suffit de mettre au bas de chaque page : admirable ! admirable ! admirable ! »

Je suis à cent lieues, comme vous le pensez bien, de suspecter la candeur de Voltaire, mais si ce n'était pas lui, je verrais là toute une méthode d'empoisonnement par l'acide admiratif. J'aime encore mieux la brutalité de ce fou qui appelait Racine polisson. Quand l'éponge a passé, le marbre ne garde aucune trace de l'éclaboussure, tandis qu'un encensoir de poids convenable, manié savamment, peut casser quelque chose à la statue. Cela s'est vu.

Éteignons l'encensoir.

En 1661, au château de Vaux, Molière venait de donner *les Fâcheux*, lorsque, entre un impromptu et une pièce de circonstance, l'idée lui vint d'écrire *l'Ecole des Femmes*.

Je ne connais pas au monde de titre plus attrayant et je vois d'ici mademoiselle Duparc, mademoiselle Béjart, mademoiselle Debrie, mademoiselle Ducroisy et mademoiselle Molière elle-même, cette jolie perruche dont le bec fit saigner tant de fois le cœur de son mari, cabrioler de joie autour d'une pareille aubaine. *L'Ecole des Femmes !* Depuis le paradis terrestre, où le serpent joua la première comédie, les femmes font le succès et sont le succès. Elles vont partout où l'on parle d'elles, soit en bien, soit en mal, enchantées si on les flatte, plus contentes encore, à ce qu'il paraîtrait, quand on ne les flatte pas, et ne gardant rancune qu'aux imbéciles qui ne leur adressent ni compliments ni injures.

Et les hommes suivent les femmes — partout où les femmes vont, — marchant derrière fidèlement et emboîtant le pas dans le légitime orgueil de leur initiative. Ils n'abdiquent pas, ils délèguent. On ne peut même point les accuser de manquer de goût, puisqu'ils prennent celui de ces dames. Peut-être est-ce pour cela, messieurs, que vous êtes accusés de tyrannie par beaucoup d'écrivains généreux; quant à moi, je vous prie de croire que j'ai tout le respect voulu pour votre suprématie sociale, puisque je le partage, mais je n'en suis pas plus fier, et si un de mes fils a l'idée de faire des comédies, je l'engagerai paternellement à ne s'occuper que de nos victimes.

Molière l'a dit en un vers de bronze :

Du côté de la barbe est toute la puissance.

Et les petits enfants savent qu'en France le profit est toujours du côté de l'opposition.

Mais figurez-vous ce titre si plein de promesses, ayant échappé à Molière par hasard et tombant tout vierge entre les mains d'un de nos auteurs dramatiques actuels : je ne parle pas, bien entendu, du premier venu, mais d'un fort, d'un très fort, du plus fort, si vous voulez, de celui qui soutient le plus terriblement les thèses les plus formidables...

A propos de thèses, je crois qu'avant de poursuivre, je ferais mieux de vous avouer ingénument que, moi aussi, j'ai ma thèse, mon dada, si vous voulez, et que mon dada est de questionner un peu, à propos de *l'Ecole des Femmes*, la comédie moderne qui se nourrit exclusivement de femmes, n'admettant les messieurs que pour donner la main aux dames et remplir ce rôle expiatoire des fatalités du dix-neuvième siècle, le rôle du mari.

Non pas du tout le mari de Molière et de Gavarni, vous savez, le mari qui faisait toujours rire, non, l'autre mari, le nôtre, celui qui s'est marié dans l'intérêt du divorce, le mari de la Thèse, enfin, un charmant garçon et si bien élevé!... qui est tué à la fin (c'est malheureux, mais que voulez-vous!) ou bien qui tue (dame! il faut bien se garer).

Comment! qui tue sa femme? — Mais certainement. — Dans une comédie? — Pourquoi pas? D'ailleurs, la femme a le droit de prendre les devants si elle veut : au sein des ménages, c'est une question d'activité. — Et c'est là la nouvelle *Ecole des Femmes?* — C'est une des facettes de la Thèse.....

Molière n'en savait pas si long que cela. *L'Ecole*

des Femmes ne lui suggérait aucune idée sanguinaire. Singulier homme, qui voyait la comédie en gai et laissait les Atrides dans la maison de la tragédie !

Du reste, il faut bien le dire, ce titre de *l'École des Femmes* n'avait pas, dans la pensée de Molière, la largeur que lui attribueraient nos mœurs modernes. C'était tout uniment un pendant à *l'École des Maris* : et même, sous peine de refaire ce dernier chef-d'œuvre, Molière ne pouvait placer l'action de *l'École des Femmes* dans le mariage.

Autant de gagné pour les maris, car Molière les sacrifiait aussi, — tout le monde les sacrifie, — moins lugubrement, mais sans plus de pitié. On dirait que l'illustre vaincu des luttes conjugales prodiguait les concessions pour fléchir le monstre souriant qui dévorait son bonheur. En amour, il est permis d'être lâche. Molière, qui devait mourir d'un « cœur brisé, » comme disent les Anglais, se met toujours et partout du côté de la femme de Sganarelle. Pauvre grand homme !

Dans *l'École des femmes*, il n'y a qu'une femme, et encore c'est une petite fille, Agnès, dont le nom est resté proverbe. Le sujet qui paraît presque nu montre le seigneur Arnolphe, un brave homme, achetant à la campagne un sauvageon de fillette, l'apportant à Paris, le plantant dans son jardin, contre son mur, et l'arrosant, le taillant, le greffant, le façonnant enfin comme on tourmente un espalier, pour avoir plus tard une petite femme toute à sa fantaisie.

Est-ce là une entreprise raisonnable? Je ne crois pas, parce qu'il y a Horace, un bavard, un paresseux, — un jeune homme! — qui se moque bien du travail dépensé autour du poirier, mais qui veut les poires. Autant le seigneur Arnolphe s'est donné de mal, autant cet étourneau d'Horace prend peu de peine; il ne fait que paraître le long du mur, le nez au vent et le poing sur la hanche, entassant, Dieu merci, étourderies sur maladresses, et le pauvre petit espalier ensorcelé lui tend amoureusement toutes ses branches, secouant au-devant de la jeunesse qui passe le trésor de ses premiers fruits.

C'est gracieux, n'est-ce pas? Et c'est vrai, aussi, enfin c'est charmant! Mais ce n'est pas ainsi, oh! certes non! que, de nos jours, on aurait fait *l'École des Femmes*. Cette idée morale de l'ignorance, employée comme cadenas pour emprisonner un cœur enfant, tout ingénieuse qu'elle est et prêtant aux développements les plus comiques, ne nous suffirait point. Mesdames, il vous faut autre chose, et s'il m'arrive, chemin faisant, de blâmer nos auteurs contemporains, tout en m'inclinant devant l'admirable talent de plusieurs d'entre eux, c'est que je n'aurai pas le courage complet de mon opinion, car mon opinion est que vous êtes les vraies, les seules coupables.

Raisonnons : on écrit en vue du succès ; or, il n'y a pas deux routes pour arriver au succès. Quiconque veut réussir au théâtre, doit vous parler de vous et ne vous parler guère que de vous, — vous montrer à vous-mêmes avec vos propres larmes et vos propres sourires, sans compter vos propres robes et vos propres chapeaux. Eh bien ! Agnès... je ne dis pas qu'elle ne soit pas d'entre vous, mais elle n'aurait qu'une pauvre demi-voix au chapitre. Ce n'est pas Agnès qui va au spectacle, on l'y mène, et quand la dame qui mène Agnès fait tant que d'acheter place au miroir, soyons justes, ce n'est pas pour y voir Agnès toute seule.

D'où il suit qu'en matière de succès, de recette si vous voulez, viser la demoiselle est une spéculation médiocre. Il faut la dame.

Le théâtre est l'art de contenter la dame.

Au temps de Molière, on spéculait peut-être moins; la mine théâtrale, encore intacte, était si riche! Maintenant, nous sommes plus pauvres, et je ne sais pas si, de nos jours, Molière lui-même, Molière ressuscité, serait encore Molière. — C'est une question.

Il trouverait tous les sujets primordiaux mis en œuvre, tous les caractères de premier jet usés à la scène; il serait donc bien forcé d'égarer son génie dans nos chemins de traverse et de battre nos buissons, sous peine de refaire ce qui dès longtemps aurait été fait. Or, est-il possible de refaire *l'Avare* après Harpagon, l'Hypocrite après *Tartuffe*, *le Misanthrope* après Alceste, ou la Petite Bête elle-même, la jolie petite bête en espalier après Agnès? Non, en vérité! non, Alors, on peut bien le penser: Molière, le géant Molière, prisonnier de la nécessité, réduit à la portion congrue, en viendrait peut-être lui aussi, tout doucement, à tirer notre paradoxe par la queue, à choisir une Thèse plus ou moins scabreuse, à lui attacher une ficelle autour du cou, et à la mener paître comme tout le monde dans la prairie dramatique où l'on engraisse les Thèses.

Vous allez croire que je suis l'ennemi de la Thèse. Pas le moins du monde ! Je suis tout au plus l'ami de ce qu'elle persécute. J'admets la Thèse, et il le faut bien, puisqu'elle s'impose à moi doublement par le talent et par le succès, mais je voudrais qu'elle ne se fît point passer pour la comédie. Elle est le contraire de la comédie : la preuve, c'est que, il y a cent ans (ah ! elle n'est plus toute jeune !), elle s'appelait la tragédie bourgeoise, et cela lui allait comme un gant ! Elle a changé, c'était son droit ; mais alors il faut un nom nouveau pour une forme qui se prétend nouvelle. Je propose *Thèse;* qu'on mette franchement sur les affiches, par exemple (je prends un titre au hasard) : *la Tranquillité des Ménages*, THÈSE en quatre ou cinq actes, par M.......... — Ils sont plusieurs !

J'avoue que je comptais citer ici en toutes lettres un nom parmi ceux de nos écrivains préférés, le nom de celui qui me paraît représenter plus brillamment encore que les autres, par l'éléva tion de son talent, la fermeté... l'entêtement de son parti pris et l'éclat incomparable de ses victoires dramatiques, ce genre, cette forme, ce moyen particulier d'émouvoir qui nous passionne depuis si longtemps déjà et que Molière, du haut des cieux, doit contempler avec une curiosité toute paternelle, quoique peut-être un peu étonnée. — Mais à quoi bon? Chacun de vous a déjà prononcé *in petto* ce nom deux fois illustre; et, d'un autre côté, j'ai réfléchi : cela pourrait gêner la liberté de ma discussion. Non. J'aime mieux répondre à une question que je crois lire sur beaucoup de lèvres : vous avez envie de savoir au juste ce que c'est que *la Thèse*, ou, du moins, ce que, de vous à moi, nous devons entendre ici par ce mot.

Il faudrait une définition bien nette et bien précise. Je suis un peu embarrassé parce que je n'en ai pas. Je vous demande la permission d'expliquer ma pensée par une simple comparaison.

La plus vieille de nos formes dramatiques modernes est connue sous le nom de Mystère. Et, en effet, tous les mystères, tous les faits de la tradition chrétienne appartenaient de droit à cette forme. Cependant un seul de ces faits, le plus considérable, la Passion de Notre-Seigneur, dominant tous les autres, s'empara de notre scène naissante, à tel point que tout ce qui tenait au théâtre d'alors, auteurs et acteurs, empruntèrent leur nom à ce fait et s'appelèrent les *Frères de la Passion*.

Voilà notre affaire. Nous allons nous entendre. La comédie moderne aussi, à son point de départ, eut l'horizon ouvert devant elle et put choisir entre tous les faits de notre civilisation. C'est ce qu'elle fit; elle alla longtemps à droite et à gauche, au gré de sa fantaisie, mais tout à coup elle se borna, absolument comme l'ancien mystère. Elle choisit un fait qu'elle trouva sans doute le plus joli de tous; elle l'épousa solennellement, et, depuis lors, elle lui est restée fidèle; de sorte que, si nous avions encore l'habitude de donner des noms aux corporations, la corporation de nos auteurs à thèses devrait s'appeler, du nom de son mystère favori, les *Frères de la Passion-Conjugale*.

Le mot passion étant pris ici dans le sens biblique de supplice.

Nous voilà donc bien fixés. La Thèse est le

marbrier qui vend des couronnes au bas du calvaire matrimonial. Nous savons désormais de quoi nous parlons quand nous parlons de la Thèse.

Vous pensez qu'avec un pareil métier, sa gaîté ne peut pas aller jusqu'à la folie. Elle a beaucoup d'esprit, et du meilleur ; mais, malgré tout l'esprit qu'elle a, elle ne rit pas toujours franchement. Encore ne rit-elle que pendant les premiers actes. Passé un certain moment, elle ne rit plus du tout. C'est pitié de la voir se rembrunir. On comprend bien qu'une heure solennelle approche, l'heure du devoir : l'heure de donner le coup de canif au contrat et le coup d'épaule au divorce : c'est son état, elle le fait en conscience.

J'accorde à la Thèse une considérable valeur littéraire. Elle est pour moi le côté vivant de notre art, le côté hardi et réfléchi, délicat et violent ; le côté caractère, le côté symptôme. Derrière son originalité très réelle, il y a Balzac ; derrière encore, les maîtres. Ah ! ce n'est pas une parvenue ! Elle n'est pas non plus impromptu ; elle est travail, elle est effort, comme presque toutes les belles choses. Son style est élevé, tranchant, sobre, pur; chez elle, la finesse même du détail est solide.

Elle analyse sans ménagement, elle observe sans pitié ni pudeur, comme on fourrage en pays ennemi; c'est de vive force qu'elle s'empare de la vérité : elle a raison.

Mais qu'en fait-elle?

De tous les besoins de l'homme, je me suis laissé dire que le plus impérieux est le besoin d'enseigner. Au théâtre, cette pente est dangereuse parce que la vérité du professeur n'est presque jamais la vérité de tout le monde. Aussi ce que peuvent bien coûter à ceux qui les exercent ces doctorats sans diplôme, je ne me charge pas de le calculer; mais, quoi qu'il en soit, la Thèse n'en reste pas moins égale et même supérieure à ses plus grands succès. Elle vaut mieux que sa vogue. Son incroyable vitalité se démontre par le seul fait d'avoir résisté à ses propres excès.

Elle est encore la seule chose littéraire qui nous occupe et qui nous frappe, la seule qu'on écoute, la seule qu'on discute au milieu de nos bourdonnements politiques. Pourquoi? Est-ce parce qu'elle donne des leçons de métaphysique, de physiologie, de théologie même un peu, et de morale regardée à l'envers? Non, n'est-ce pas? Alors, pourquoi?

Je vous l'ai dit, c'est parce qu'elle est la fille légitime des maîtres; — parce que nous n'avons rien de pareil, — parce que c'est brillant jusqu'à éblouir, éloquent, curieux, terrible, entraînant et charmant!

Parce que cela sait tout du mystère féminin et que c'est rompu aux habiletés de tout dire, même l'impossible! Parce que, enfin, sous la provocante toilette de la forme, derrière le mot qui ose, le trait qui porte, la saillie qui éclate et flambe, il y a le fond : une action forte, comprise largement, étudiée puissamment, conduite selon l'art approfondi du théâtre, selon la science exacte de la vie... Ah! il faut rendre pleine justice avant de prononcer la parole sévère; ne vous y trompez pas plus que moi : il y a là l'élément de la grandeur, de la durée, peut-être de l'immortalité!

Il y a le style, le savoir, la poésie. Il y a tout, et c'est pour cela qu'on écoute. Rien n'manque de ce qui fait l'œuvre dans toute la bell richesse du mot!

J'ai dit : rien n'y manque, je me suis trompé. Il
anque le but.

Un but qui soit digne de l'effort.

Ce but, j'aurais voulu le passer sous silence. Il
t toujours à peu près le même, malheureuse-
ent. C'est une impasse où se tient en embuscade
1 dilemme uniformément éploré qui se pose
itre le désespoir et le divorce, ou bien entre le
yorce et la mort.

De sorte que le poète, — le professeur, l'avo-
t! — a plaidé magnifiquement pendant des
ures, pendant des actes, pour se laisser tom-
er en fin de compte tout au fond de cette con-
usion qui, certes, n'a pas même l'excuse de
udace ou de la nouveauté : « Vous voyez bien
trou, ce trou sanglant? C'est le mariage. »

Pour moi, la liberté de penser n'a pas de
nites. Cette liberté, dont je profite pour croire,
dmets que d'autres s'en servent pour douter ou
urnier. Mais c'est que la Thèse ne nie pas! elle
doute pas! elle croit au mariage! Elle est con-
incue, cela saute aux yeux, qu'elle protége le
ariage, qu'elle le relève et qu'elle le purifie!...
Je cherche un mot qui dise ma colère, mêlée

d'admiration et d'affection. La Thèse m'en fournit bien un, le fameux « C'est roide! » mais je ne le trouve pas assez fort.

Si vous voulez le résumé de mon opinion en trois mots, le voici :

Comme idée philosophique, je m'abstiens de juger; peut-être que je ne m'y connais pas; comme comédie, c'est douloureux et c'est amer; comme pièce enfin, comme drame, puisque c'est le mot générique, je trouve que c'est très dangereux parce que c'est très beau.

Parce que c'est la note la plus haute, à mon sens, la parole la plus sonore d'une école dramatique qui joue témérairement avec une plaie cruelle, qui l'exaspère en croyant peut-être la guérir, et qui n'a su trouver jusqu'ici d'autre remède à la fièvre que le chaud-mal.

Voilà ce que je pense; il y a là un capital de talent énorme, un trésor qui n'est pas dépensé pour le bien.

Quel heureux génie que ce Molière! Il vivait en un siècle où l'on n'avait pas besoin de toucher à l'arche pour émoustiller les appétits engourdis.

On n'était pas encore blasé, du temps de Molière.

Un matin, à son lever, il manda quatre personnages dont trois au moins étaient de son intimité. Ce fut d'abord Ariste qu'il appela Chrysalde pour cette fois, un cousin germain de Philinte, un oncle imperturbablement paisible de notre provoquant Desgenais; ce fut ensuite Sganarelle vieux garçon, bien plus brave sous son pseudonyme d'Arnolphe, érigeant en système la férocité de ses pressentiments et cachant un rayon dans sa cave pour avoir le soleil à lui tout seul; puis Horace, un Cléanthe plus indiscret qui va criant à tue-tête la chanson de son bonheur; puis enfin, mais celle-là était une trouvaille : la perle dans sa nacre, l'ingénue à toute outrance, Agnès dont la naïveté fait feu au moindre choc, Agnès dont l'ignorance éclaire et qui a plus d'esprit dans le petit doigt de sa niaiserie que toutes les déniaisées du monde dans leur esprit.

Voilà le quadrille de *l'Ecole des femmes*. Molière accorde son violon. Sa musique va-t-elle bâtir les murs de Thèbes ou abattre ceux de Jéricho? Ni l'un ni l'autre. Molière va faire une comédie, c'est-à-dire nous amuser beaucoup en nous instruisant un peu.

Rien qu'un peu? Quel est ce peu? A mes yeux, exactement ceci : Molière va vous apprendre, si vous ne le savez pas, que l'égoïsme a ses dangers, que le métier de geôlier domestique n'est pas tout rose et que l'ignorance ne vaut pas mieux que n'importe quel autre verrou.

Et après? Voilà tout.—Ah! pourtant les déconvenues d'Horace vous donneront peut-être à penser qu'il n'est pas bon de conter ses petites affaires à tout le monde, et quand vous verrez le seigneur Arnolphe lâcher sans façon le nom de son père, vous songerez à un de vos bons amis. Ou à plusieurs.

Cette fois c'est bien tout, absolument tout. D'autres pourront vous dire que l'éducation nouvelle des femmes, leur émancipation, les cours de la Sorbonne, enfin tout ce qui s'ensuit étaient en germe dans le rôle d'Agnès. Ceux qui vous diront cela auront plus d'esprit que Molière. Molière, après tout, était de son temps, et il a fait une autre *Ecole des Femmes,* intitulée : *les Femmes savantes.* Je vous y renvoie.

Mais tel qu'il est, ce peu, est-ce assez? Cela dépend de la manière de voir. Ceux qui, de bonne foi ou pour soutenir une thèse, prétendent que le théâtre est un moyen positif d'éducation, doivent juger que ce n'est pas assez. Moi, qui professe l'opinion diamétralement contraire, je prétends que c'est beaucoup.

Je trouve, et je ne parle plus ici, Dieu m'en garde, des véritables écrivains qui peuvent se tromper, mais qui ne peuvent pas s'oublier, je trouve, eu égard à ce que je connais des théâtres dits populaires, qu'il est énorme pour un public honnête de rencontrer un mets délicat parmi tant de plats avariés ou grossiers, dont quelques-uns même sont purement et simplement empoisonnés. Je trouve que c'est une bonne fortune inestimable de reposer son esprit et sa raison sur l'oreiller d'une œuvre toujours raisonnable, toujours spirituelle, dont l'auteur n'a besoin, pour gagner les plus grandes batailles qui aient peut-être été jamais livrées au théâtre, ni du paradoxe glissant, ni de la prédication inquiétante. Je trouve enfin, revenant à mes moutons et visant de nouveau la thèse de nos auteurs favoris, qu'il est suprême de sortir d'un théâtre sans que rien ait meurtri ma conscience, sans qu'aucun lieu commun interconjugal me suive jusqu'à mon chevet, évoquant cette chambre à coucher fantôme où M. et madame Dandin, faufilés je ne sais comment dans le grand monde, s'entre-massacrent lamentablement depuis le 1er janvier jusqu'au 31 décembre.

Je sais bien qu'autrefois (mais il y a si longtemps !) l'art dramatique était un sacerdoce. La scène primitive, parlant à des peuples primitifs de faits nationaux, de sentiments religieux ou patriotiques, était, certes, un enseignement, et la tragédie grecque, évangile païen, résumait la somme entière des notions historiques et philosophiques de la Grèce. Mais, chez nous, il n'y a jamais rien eu de pareil. Nous ne savons pas célébrer notre foi, nous ne savons pas chanter nos gloires. Il nous faut la dictée d'autrui. Nos grands tragiques eux-mêmes, Corneille en tête, parlaient déjà des langues étrangères ou mortes.

En France, parmi les œuvres illustres, nous n'avons ni la tragédie shakespearienne vibrant aux souvenirs de nos vieux temps, ni même le drame de Schiller poussant nos cris d'indépendance, encore moins l'épopée en action de Guilhen de Castro : chez nous, ces choses-là se chantent. Notre chanson est sérieuse, notre théâtre n'est qu'un jeu; un jeu splendide souvent, sublime parfois, mais un jeu.

Aussi, malgré mon vif désir de lettré, je n'ose pas prendre au sérieux cette renaissance tragique qui est saluée de tous côtés par des cris de joie si respectables.

Que l'éternelle beauté soit dans l'œuvre d'Eschyle comme dans l'œuvre d'Homère, cela ne soulève aucun doute; il est certain aussi que la poésie de tous les peuples et de tous les siècles a puisé abondamment à cette source qui bouillonne aux plus hauts sommets de l'art antique ; mais il manque quelque chose à cela pour nous. Je ne sais, Dieu n'y est pas, — et nous n'y sommes pas non plus, nous, les fils initiés, ou déçus des derniers âges de la terre. L'émotion que font naître en nous ces immensités traduites et ces brutalités exhumées, se mêle à trop d'étonnements. Nous n'y croyons pas. C'est encore un jeu.

La mode, ce despote en enfance qui s'amuse de tout (même du beau!) peut jouer un instant avec cela comme avec autre chose, et inoculer l'enthousiasme des prosélytes aux badauds qui ne comprennent pas; mais, malgré des efforts généreux, très élevés et auxquels j'applaudis pour ma part de toute mon âme, la tragédie est morte.

De temps en temps, le baiser du génie vient toucher à la lèvre ce cadavre divin. Il bouge alors, et il parle, mais c'est pour retomber bientôt dans son sommeil éternel.

Jamais plus la tragédie ne s'éveillera tout à fait, — à moins que, par un miracle ardemment souhaité, la tragédie ne s'éveille un jour moderne, française, chrétienne, priant ou blasphémant le vrai Dieu, cherchant son amour et sa haine, trouvant son héroïsme et ses fureurs, toute sa passion, toute sa fièvre dans les entrailles de notre histoire. Alors, elle cessera d'être pour nous ce fantôme qui glisse hors du réel, dans un rayon incertain; elle sera ce qu'était la fille d'Eschyle aux jours de sa jeunesse; elle aura notre sang plein ses veines, elle vivra la vie même de la patrie!

Je ne sais pas si c'est possible. En tout cas, nous n'en sommes pas là. Nous avons, il est vrai, pour nous consoler, le drame des instructions criminelles, la comédie médicale, le vaudeville à coq-à-l'âne, recommandé pour les digestions laborieuses, et le genre Abélard, destiné aux familles. Mon Dieu ! ce n'est pas la place qui manque; dans tous ces théâtres en chambre qui font foule à Paris, il y aurait où mettre des montagnes de morale. Et peut-être que la morale ne manque pas non plus. Mesdames, si vous faisiez une commande de morale, on serait capable de vous en trouver quelque part dans les coins, derrière les vieux décors. Est-ce qu'on sait ce qu'il y a dans ce Paris? Voyons! Pour combien en voulez-vous ?... Ah ! ce n'est pas assez ? Pour ce prix-là, on n'a qu'une alcôve en gibelotte.

Mesdames, ô mesdames, c'est donc bien fini ! Vous n'y reviendrez plus ! Vous avez écrasé sous votre dédain ces bons petits vol-au-vent que l'école de M. Bouilly réchauffait pour vous au bain-marie sur un feu tiède et innocent ! Les rosières vous agacent, et vous détestez l'orgeat, boisson honnête qui blanchissait l'âme de vos tantes ! O Florian ! ô Genlis ! Pralines et bonbons de baptême ! L'Opéra-Comique lui-même ne se fournit plus au *Fidèle Berger!* Mesdames, je le constate avec des sanglots dans la voix, Berquin, le pauvre Berquin... Oui, quand un de vos critiques veut assassiner d'un seul mot n'importe quoi, il vous dit : « C'est une berquinade ! »

Et *de profundis!* L'objet est enterré ! Au contraire, je connais de petites coquines de choses très rusées et très effrontées qui se font mettre au violon tout exprès, par protection du gouvernement, pour que vous ayez l'espoir d'y trouver des horreurs. Voilà des petites choses qui connaissent leur monde !

A bas le sucre ! Vive la rémoulade ! On sait que vous voulez du piment jusque dans le poivre, on vous sert tout à la tartare, la joie comme la douleur. Seulement, comme il faut du nouveau, on verse la gaîté dans le mélodrame et le deuil dans le vaudeville, mais qu'est-ce que cela fait pourvu qu'on ne glisse l'utilité nulle part ? Allez ! vous ne chercherez pas, mais vous auriez beau chercher, pas une relique ne traîne du temps où les cœurs vertueux aimaient à voir lever l'aurore au théâtre. Dans le concert qui vous amuse, il n'y a pas une fausse note, ou pas une note juste, comme vous voudrez : partout où la terreur ne se tord pas de rire, la gaîté pleure à chaudes larmes; partout où la féerie n'ouvre pas son étal de maillots vivants, l'opérette adorée, Antigone de nos décrépitudes, lève la jambe (on dit aussi *la gigue*) à cent mètres au-dessus du Panthéon, sous l'œil attendri, mais toujours imposant de la Censure!

A qui la faute? Nous vous avons tout confié, mesdames : notre goût comme notre honneur. C'est vous qui gouvernez souverainement, c'est vous qui faites notre littérature, — et si les théâtres, à l'unanimité, ont relégué la morale au magasin, c'est que le flair proverbial de MM. les directeurs a deviné que, pour le moment, il vous faut quelque chose d'infiniment plus épicé que la vertu.

Pour ce qui me concerne, je n'y vois point trop matière à se désoler. J'appartiens à une opinion qui laisse volontiers la leçon à l'école, le sermon à la chaire, le plaisir au théâtre. D'ailleurs, je crois qu'on s'exagère en général l'influence de la Muse, soit en bien, soit en mal. Tout en nous racontant que le poète Tyrtée hâtait par ses chants le pas accéléré des Spartiates, l'histoire avoue qu'il marchait devant et qu'il était boiteux. Cela laisse des doutes.

Je crois que le monde va tout seul, beaucoup. Il n'est plus jeune. Il a des habitudes et des faiblesses de vieux. Le théâtre n'y peut rien, — et quand par exemple un malheureux garçon, amoureux, non pas d'une étoile, mais de son reflet dans le ruisseau, achète un revolver avec son dernier louis pour finir comme une comédie, je n'attribue cette chose triste ni au Théâtre-Français ni à l'Ambigu-Comique. Non. Et si j'ai prononcé le mot danger tout à l'heure en parlant de la Thèse, c'est qu'il me semble voir ici de l'acharnement dans la récidive.

Au collège, nous disions: « Quand on toque toujours au même endroit, ça finit par faire un creux. »

J'ai peur que la Thèse ne fasse des creux.

Molière, lui, ne faisait pas de creux, au contraire, il a nivelé bien des rugosités sur le terrain de nos mœurs. Son rire robuste et sain, lui tout seul, a fait rentrer sous terre des légions de vices et fauché des moissons de ridicules. Ah! c'était un rude ouvrier!

Mais on n'est pas parfait. Molière, d'un autre côté, avait des mots, — qui étaient de son temps, je le sais bien, — mais des mots... surtout dans *l'Ecole de Femmes!* Il faudra bien pourtant que nous en arrivions à ces terribles mots...

Connaissez-vous la grosse cousine de campagne qui crie quand le bouchon saute et qui tend son verre tout de même ?

Ceci n'est que la grimace innocente. Pour trouver la vraie pruderie, et nous aurons à causer de la pruderie, il faut passer le détroit. Nous n'avons pas cela chez nous...

Il était une fois une Anglaise qui aimait sincèrement l'anisette. Elle avait une dame de compagnie qui préférait le genièvre, une bonne vieille tante qui se contentait de bon vieux rhum et un perroquet qui buvait de tout. Mais sans scandale. On s'enfermait. Et il était défendu de rire.

Vous savez, là-bas, on est pendu pour le mot pantalon : il faut dire *ineffable*; je ne sais pas ce qu'on vous fait pour le mot cuvette, mais il faut dire *liberté*. Le mot ivre est également indécent, surtout devant les dames: il faut dire *empoisonné* ou mieux *victime*. Dans la maison de milady, tout respirait la convenance, et pourtant il y avait une très vilaine chose, une femme de chambre française qui ne buvait de rien : ce n'est pas propre.

Un soir que tout le monde était couché bien tranquillement, sous la table, la Française, qui s'ennuyait, se mit à parler toute seule, disant: « Les voilà encore ivres... »

Ivres! Le tonnerre anglais gronda, la maison anglaise trembla, le perroquet se jeta sur la Française, la dame de compagnie la battit, la bonne vieille tante la mordit et milady la chassa!...

A la bonne heure! voilà la vraie pruderie qui se fâche et qui sait pourquoi!

Mesdames et Messieurs, est-ce que par hasard nous en viendrions, nous aussi, en France, à caresser la chose en proscrivant le mot? Est-ce que nous reculerions devant Molière en revenant de chez la Thèse! La Thèse est la chose, et dans *l'École des Femmes*, il n'y a rien, absolument rien que le mot.

La semaine dernière, on m'expliquait pourquoi une pièce, d'ailleurs très remarquable, n'avait pas obtenu au Théâtre-Français, cet hiver, tout le succès espéré. On me disait: » La Thèse y était bien, mais pas nette, pas franche... C'est avant le mariage que la femme avait eu — son incident. Ce n'est pas ça! »

Eh ! non ! ce n'est pas ça ! Il ne faut rien ôter à la Thèse, pas même les épluchures. On ne veut pas de Thèses nettoyées !

Eh bien ! là, mesdames ! entre nous, moi, j'aimerais mieux quelques mots de plus, fussent-ils de Molière, et un peu moins de chose. Pardonnez la perversité de mon goût.

A ce propos justement, il se produit un fait assez piquant. Vous savez que Don Quichotte est éternel. A Paris les Don Quichotte sont rares, mais il nous en tombe sans cesse de la province et de l'étranger. Moi, je connais Sancho, Sancho qui croit que la Thèse est arrivée. C'est un Allemand, « très bien, » et tout heureux d'avoir reçu le jour dans ces pays éclairés qui prennent nos vieilles dames aux Camélias pour en faire des duchesses (je crois qu'il va remporter la sienne), Il me disait hier : « A Paris, vous n'avez plus d'honnêtes femmes ! pas une ! »

Il ne faut pas trop faire attention, ce n'est que Sancho... Mais pourtant, son raisonnement en vaut presque un autre. Suivez bien, voilà ce qu'il dit : « Le théâtre est un miroir reflétant exactement la société qui le fréquente... » Jusque-là, je ne vois rien à contester. Et vous? « Or vous avez, à l'heure qu'il est (c'est toujours Sancho qui parle), dix, vingt, trente, pièces — sur trente ! — qui radotent à l'unisson la complainte de l'adultère... toutes. » C'est encore assez vrai! toutes. à l'unisson. « Donc, en présence de cette unanimité des miroirs... » je vous épargne le reste. Vous devinez la conclusion, n'est-ce pas ? Eh bien! c'est spécieux, mais ce n'est pas flatteur.

J'ai mon don Quichotte aussi : un beau! un mien cousin de Landerneau qui a fait le voyage de Paris tout exprès pour voir des Thèses. Il en voit, Dieu merci, tant qu'il en veut. D'abord, mesdames, il vous prend toutes pour des Thèses : autour du lac, le long du boulevard, il voit partout quatre actes sous vos jupons et partout les mêmes quatre actes. Il est dans un état violent, il parle de Ninive et du feu du Ciel...

Ne vous formalisez pas, ce n'est que don Quichotte... mais, écoutez ! il y en a un peu trop de cette thèse-là. On disait autrefois : « Qui nous délivrera des Grecs et des Romains ? » Je ne demande pas qu'on nous les restitue, mais je veux qu'on s'agite, qu'on signe des pétitions, s'il le faut, qu'on force nos auteurs à changer de thèse au moins une fois de temps en temps, et surtout ! surtout à ne plus faire de vous, mesdames, de vous, nos Parisiennes ! la gaîté de Berlin et l'effroi de Landerneau !

Même sans pétitions, le temps suffira. Un peu plus tôt, un peu plus tard, la Thèse va se faner comme toutes les fleurs. Je ne la regretterai pas, parce que, pour la remplacer, je compte absolument sur ces nobles esprits, sur ces talents d'un ordre si élevé qui nous ont donné, en définitive, toutes ou presque toutes les maîtresses œuvres de notre répertoire de genre.

Je me souviens de la grande émotion, de la vive joie littéraire que j'éprouvai à l'audition du *Demi-Monde*. J'en suis toujours reconnaissant. Chez celui qui inventa, comme disent les peintres, ce merveilleux tableau de mœurs, la faculté créatrice, loin de s'amoindrir, a grandi. Qu'importe une victoire moins décisive que les autres ? Qu'importerait même une défaite ? Il faut parfois de ces avertissements.

Je ne crois pas qu'il y ait en France une main assez large pour contenir l'immense héritage de Molière, non, mais je crois, et je le dis, que Molière a chez nous, à cette heure, plus que jamais, des héritiers partiels, directs, légitimes. — Eh bien! à ceux qu'une si haute noblesse oblige, vous devriez crier, mesdames, puisque vous êtes reines:

« Prenez garde! vous n'avez pas le droit de frapper à faux, vous qui tenez en main la lance d'or. »

Dans l'ordre moral, depuis que j'existe, j'ai toujours vu abattre, jamais je n'ai vu rebâtir. Aussi, nous avons d'autres ruines que celles de nos murailles, — mais du moins, il y a une chose qui est restée debout : c'est la famille. Ah! j'y tiens!... et vous aussi! nous y tenons tous, et ces messieurs, les neveux de Molière, les premiers, j'en suis sûr!

Qui sait? c'est peut-être même par excès de tendresse pour la famille qu'ils lui tâtent le pouls quelquefois si brusquement, et qu'à la moindre alerte, pour une migraine ou un rhume de cerveau, ils lui conseillent du premier coup cette tisane d'acier : l'amputation, le divorce !

Pourtant, nous ne sommes pas si loin des pays à divorce que nous ne puissions y jeter un coup d'œil par dessus nos frontières et voir que la maladie dont il est question entre nous depuis le commencement de cet entretien, s'y montre aussi fréquemment que chez nous, et que ses suites *dramatiques* y sont aussi funestes, j'en réponds.

Seulement, les auteurs de ces pays-là ne montent pas si volontiers sur leurs toits pour publier la misère du foyer.

Il n'y a que la France, c'est une chose singulière, pour se donner cette joie difficile à comprendre, cette volupté baroque de se calomnier elle-même en criant à tue-tête dans un porte-voix : « Je suis la plus perdue de toutes les nations ! Ayez pitié ou peur de moi ! »

Les écrivains des pays à divorce ne parlent presque jamais du divorce. Est-ce parce qu'ils l'ont ? Je ne crois pas, car voici une particularité bien curieuse : La plus mauvaise note, la plus détestable que puissent avoir vis-à-vis du monde, une femme, et même un homme, *dans les pays à divorce*, C'EST D'AVOIR DIVORCÉ !...

Sur ces questions terribles, c'est l'enfant que je voudrais surtout interroger, si l'enfant avait une voix. J'en ai tant vu de ces orphelins du divorce, qui cherchent en vain un foyer où réchauffer leur cœur, — car ils ne sont plus chez eux, ni dans la maison du père, ni dans la maison de la mère.

La hache peut bien couper cet arbre du mariage, mais s'il y pend un fruit? Laquelle d'entre vous me démentira si je dis que le vrai théâtre-femme serait celui qui prendrait le parti de l'enfant!

Mesdames et messieurs, je vais vous laisser avec Molière, dont vous me reprocherez sans doute de ne vous avoir point assez parlé. Je vous prie de me pardonner, j'avais ma thèse, — et d'ailleurs, sur Molière, tout a été dit si souvent et si bien !

Vous allez entendre ce singulier chef-d'œuvre, marqué au coin d'une simplicité si excessive, vous allez entrer dans cette intrigue qui vit toute seule, dans cette action où certes l'intérêt ne languit jamais, mais où vous chercheriez en vain l'ombre de ce qu'on appelle une péripétie.

C'est le tour de force du génie, grandissant une anecdote aimable à la taille d'un monument dramatique, et il semble que Molière, s'adressant à lui-même un défi, ait voulu voir jusqu'à quel point la magie de la plume peut remplacer toutes autres choses au théâtre.

Molière a gagné son pari, mais je ne conseillerais à personne de le tenir après Molière.

Je devrais avoir fini, car il est l'heure, mais il y a encore... Quoi donc ?... Eh bien ! ce mot, ce malheureux mot qui revient en vérité bien souvent dans *l'Ecole des Femmes*. Molière a ciselé un joyau exquis, *la Critique de l'Ecole des Femmes*, tout exprès pour mériter les circonstances atténuantes. Que dire après Molière ?

Vous souvenez-vous de l'histoire de milady ? Je vous ai expliqué de mon mieux pourquoi la pruderie anglaise excommuniait le mot *ivre*, — sans prétendre pourtant que toutes les dames anglaises aient le goût en question, Dieu merci ! Eh bien ! pour l'autre mot, le mot de Molière, c'est tout pareil. Qu'il s'agisse d'anisette ou de toute autre gourmandise, on n'a pas à craindre le mot quand on ne boit pas la chose.

Croyez-moi, mesdames, soyez braves. On peut rougir en écoutant la Thèse, un peu, derrière l'éventail, d'autant que cela n'empêche ni d'entendre ni de voir ; mais il faut regarder la comédie bien en face, et affirmer le droit que vous avez d'admirer Molière sans rougir !

FIN

Paris. — Imprimerie Alcan-Lévy, 61, rue de Lafayette.

EN VENTE A LA LIBRAIRIE DENTU

COLLECTION GRAND IN-18 A 3 FRANCS. — PUBLICATIONS RÉCENTES

Amédée Achard....	La vie errante..................	1 vol.
Gustave Aimard....	La Forêt vierge.................	3
Albéric Second.....	La Semaine des Quatre Jeudis ..	1
—	La Jeunesse dorée	1
—	Misères d'un prix de Rome.....	1
Xavier Aubryet	Madame et Mademoiselle.........	1
Assolant............	L'Aventurier..................	2
—	Un Millionnaire	1
Audouard	L'Homme de quarante ans.......	1
Henri Augu	L'Abbesse de Montmartre........	2
N. Baudry..........	La Fin du monde civilisé.......	1
Adolphe Belot......	Mademoiselle Giraud...........	1
—	L'Article 47..................	1
A. Bouvier	Auguste Manette................	1
J. Claretie	Noël Rambert..................	1
Champfleury	L'Avocat trouble-ménage........	1
L. Colet...........	Les derniers Marquis...........	1
—	Les derniers Abbés.............	1
C^{sse} Dash.........	Quand l'esprit vient aux filles.....	1
E. Daudet..........	Le Prince Pogoutzine	1
—	Jean le Gueux	1
Alphonse Daudet...	Les aventures de Tartarin.......	1
Ch. Deslys..........	Henriette.....................	1
E. Enault	Mademoiselle de Champrosay....	1
—	Les Jeunes Filles de Paris	1
P. Féval	L'Arme invisible	2
—	L'Homme du Gaz, 1 vol.........	2
—	La Tache rouge................	2
Gaboriau...........	La Dégringolade	2
—	La Clique dorée...............	1
—	Mariages d'Aventure...........	1
Gonzalès...........	La belle Novice	1
—	Les Gardiennes du Trésor	1
Gontran Borys	Les Paresseux de Paris.........	2
—	Le Beau Roland...............	2
Léon Gozlan	La Vivandière	1
Ch. Joliet..........	Trois Hulans..................	1
Gavarni............	Manières de voir et façons de penser	1
Charles Monselet..	Les frères Chantemesse.........	2
P. de Musset.......	La Chèvre jaune...............	1
L. Noir	Le Roi des chemins	1
Nicolardot	Histoire de la Table...........	1
Victor Perceval....	La Marquise de Louhault.......	1
Ponson du Terrail..	Les Mystères des Bois..........	3
—	Les Voleurs du grand monde.....	7
—	Les Amours d'Aurore.........	2
E. Serret..........	Rancunes de femmes	1
A. Ségalas	Les Magiciennes d'aujourd'hui ..	1
Pierre Zaccone	Les Drames de l'Internationale ..	2

PARIS. — IMPRIMERIE ALCAN-LÉVY, 61, RUE DE LAFAYETTE.

www.ingramcontent.com/pod-product-compliance
Lightning Source LLC
Chambersburg PA
CBHW070708050426
42451CB00008B/550